Lk⁷ 3443

LA PIERRE

DE NAPOLÉON

ANECDOTE DU TEMPS DU CONSULAT.

PARIS

TYPOGRAPHIE DE Mme Ve DONDEY-DUPRÉ,

RUE SAINT-LOUIS, 46, AU MARAIS.

1855

LA PIERRE DE NAPOLÉON

ANECDOTE DU TEMPS DU CONSULAT.

 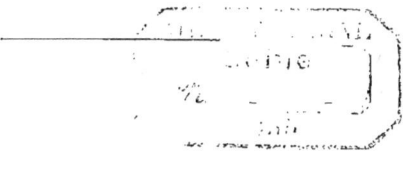

A Monsieur B.

S'il arrivait qu'un jour, en tournée dans le département, le très-honorable membre de notre conseil général, que cette lettre ira chercher en son château de..., traversât le petit village de Gallnis, il voudrait bien, je l'en prie, à mi-chemin de Monfort à Laqueue, s'arrêter dans ma blanche maisonnette. L'accueil le plus affectueux, les soins les plus empressés, l'y attendraient; et le souvenir matériel d'une aventure restée inconnue des nombreux historiographes de Napoléon Ier, y pourrait piquer sa curiosité.

En ma qualité d'ancien prix d'histoire au concours général, je puis t'en offrir la primeur, sinon te la conter du style élégant et facile de certain prix de narration française, de ta connaissance très-intime, de 1814 à 1819 mon condisciple à Charlemagne; maintenant l'un des premiers de l'empire, sans que son cœur haut placé méconnaisse la douceur du TU du collége.

C'était durant l'hiver de 1800, Bonaparte revenait de visiter le champ de bataille d'Ivry, et, devançant son escorte, seul, sous l'uniforme d'un simple officier, traversait le village de Laqueue, lorsque, avisant sur la droite, à l'enseigne de l'*Écu*, une auberge de bonne apparence, la faim, le froid, d'ailleurs, le pressant, il s'arrête, descend de cheval, traverse la salle commune, va s'asseoir à l'angle de l'immense cheminée qu'éclairait un feu petillant, sur la pierre en saillie, siége accoutumé du pâtre de la ferme voisine, et demande à déjeuner.

Une triple rangée de poulets rôtissait à cette heure devant l'âtre; cependant deux œufs, flanqués d'un morceau de pain de ménage et d'une bouteille de vin du cru, furent les seuls mets qu'une vieille servante finit par se décider à placer devant le voyageur, sur une table boiteuse et quelque peu vermoulue.

Le temps manquait de s'occuper du premier venu!

Provisions, chambres, matériel, personnel, tout était retenu : on attendait le premier consul et sa suite.

Or, deux œufs plus ou moins frais, du pain bis, du vin suret (aveu pénible qu'arrache la vérité à la conscience honnête d'un propriétaire de l'endroit), constituèrent de tout temps un trop maigre repas, pour rendre un cavalier de trente ans, fatigué d'une longue route, insensible au fumet tentateur, et capable de faire pâmer d'aise Bénédictins d'autrefois, médecins de nos jours, de toute une couvée à la broche.

Qui devait se faire livrer les clefs de tant de capitales conquises, se voyait, en cette occurrence, hors d'état d'imposer, à titre de supplément, la plus légère contribution.

Aussi, saisissant le moment où l'accorte et vive ménagère surveillait d'un œil connaisseur les progrès de la flamme sur les élèves défunts de sa basse-cour, Bonaparte de lui décocher, en forme de brocard, cette émoustillante apostrophe :

« *Petite mère, vos poulets me semblent un peu maigres.*

» — *En ce cas, mon petit officier, ils sont comme* » *vous,* » fut la riposte de la verte commère.

On ne pouvait, à coup sûr, relever plus fièrement le gant jeté à la face de l'aubergiste, de la fermière; non plus que saisir avec plus d'à-propos le côté faible de l'interlocuteur.

Une fois engagée sur ce ton, la conversation devint bientôt familière, et la digne ménagère se mit à deviser sur les hommes et sur les événements du jour, sur la paix et sur la guerre, que contribuable et mère elle avait du reste en une sainte horreur, un peu plus à cœur ouvert qu'on ne le fait d'ordinaire, dit-on, dans les salons diplomatiques.

Elle finit, en preuve de sincère réconciliation, par prier son hôte de lui montrer, à son entrée dans l'auberge, le premier consul, qu'il devait connaître, et sous les ordres duquel il avait peut-être eu l'honneur de combattre.

A peine un fin sourire venait de l'assurer du complet succès de sa requête, qu'un brillant état-major envahissait l'auberge de l'*Écu*, et qu'à la vue des fronts les plus superbes s'inclinant devant lui, l'instinct populaire faisait deviner à l'humble villageoise, dans son petit officier, le futur empereur.

Bien des années après, un sentiment de délicate reconnaissance, pour des services rendus par mon excellent beau-père, nous rendait possesseurs de la pierre historique.

Voilà pourquoi tu la verrais, dans le bosquet de Napoléon, disposée telle qu'elle l'était sous l'antique cheminée, avec cette inscription, heureuse réminiscence de ma chère compagne ·

> Il s'est assis là, grand'mère,
> Il s'est assis là.

Depuis plus de vingt ans, chaque année, au 15 août, notre jardinier, qui l'a surmontée d'un buste de l'empereur, ne manque jamais d'y déposer un bouquet de fête.

Chaque fois qu'elle est montrée à quelqu'un des braves que nous envoie un billet de logement, elle est saluée d'un geste respectueux, auquel s'est associé, alors simple sous-lieutenant de cavalerie, le gendre, aujourd'hui général, de l'illustre maréchal Bugeaud.

Hier encore, le chef de l'une des plus anciennes

familles de la Creuse, M. le marquis de V., hôte momentané de notre bon curé, la visitait, ainsi que dans la cathédrale d'Aix-la-Chapelle se visite le siége en marbre de Charlemagne.

Dans ces témoignages de la popularité sans exemple du nom qui les a produits, tu aimerais à reconnaître les signes précurseurs des grands événements auxquels tu fus assez mêlé, pour que tu puisses dire, après le chantre de Mantoue :

Et quos ipse vidi, et quorum pars magna fui.
J'en fus le témoin et l'un des principaux acteurs.

Et l'héroïne de l'aventure, la veuve Lançon, encore vivante, te pourrait conter tous les détails de la lutte mémorable qu'elle eut à soutenir contre l'immortel officier d'artillerie, dont le feu, cette fois, ne put faire taire celui de l'ennemi.

Galluis (Seine-et-Oise), octobre 1854.

Paris.—Typ de Mme Ve Dondey-Dupré, rue Saint-Louis, 46, au Marais.

www.ingramcontent.com/pod-product-compliance
Lightning Source LLC
Chambersburg PA
CBHW070429080426
42450CB00030B/2387